© Olaf Höhnke

Konzentration, Geistesgegenwart und Bewegungsbewusstheit sind mit entscheidend für **sportliche Leistungen.**

Wenn wir sie im Zusammenhang mit der Bewegung unserer **Aufmerksamkeit** verstehen, ergeben sich neue Blickwinkel - und Möglichkeiten, sie zu trainieren.

Von Nutzen können diese Blickwinkel auch in verschiedensten Bereichen des Alltags sein - hier am Beispiel von Projekten zur **betrieblichen Gesundheitsvorsorge.**

Was Aufmerksamkeit ist, zeigt sich am ehesten an ihrer Wirkung. Statt einer Definition betrachten wir daher zunächst einige Alltags-Phänomene und beginnen bei den japanischen Bewegungskünsten.

Dass diese Blickwinkel nicht ganz neu sind, belegt dann ein kurzer Blick in die Forschungsansätze von Salomon Stricker bis zu Horst Tiwald.

Dr. Olaf Höhnke
Steinreye 35
22359 Hamburg
olaf.hoehnke@hamburg.de

Inhalt

Mit herzlichem Dank an Johannes Brakel und Matthias Farr.

Manipulieren der Aufmerksamkeit

In den Kampfsportarten wie Boxen, Fechten, Ringen oder Judo spielen nicht nur die physischen Aspekte eine Rolle. Das „Lesen" des Gegners, die richtige Einschätzung seiner Handlungsabsichten und das Einsetzen von Finten sind wesentliche Faktoren, die mit über Sieg oder Niederlage entscheiden können.

Auch in den Sportspielen wie Handball, Basketball oder Fussball sind manipulierende Körpertäuschungen wichtige Elemente, um erfolgreich zu sein. Mit ihrer Hilfe versucht man, **die Aufmerksamkeit des Gegenspielers für einen Moment zu lenken** und so eigene Aktionen zu erleichtern bzw. ermöglichen.

Auch im Alltag erleben wir Situationen, in denen das Manipulieren der Aufmerksamkeit ein entscheidender Aspekt ist - etwa beim Zaubern.

Damit ein Trick nicht erkannt wird, muss ein Magier von der zentralen Handlung ablenken und die Aufmerksamkeit der Zuschauer auf eine Nebenhandlung hin lenken. Dass das Publikum diesen Zusammenhang kennt, macht die Sache für ihn nicht leichter.

Natürlich arbeitet die Werbung mit dem Lenken von Aufmerksamkeit. Aus der Marktforschung ist viel über Gewohnheiten der Kundschaft bekannt und dieses Wissen wird genutzt, um die Aufmerksamkeit der Kunden auf ein neues Produkt zu lenken, mit positiven Emotionen zu verknüpfen und Nachfrage zu wecken.

Wie könnte man sich vor dieser Manipulation schützen? Was ist eigentlich Aufmerksamkeit? Wie kann man als Sportler lernen, mit der eigenen und der Aufmerksamkeit des Gegners umzugehen?

Um sich diesen Fragen zu nähern, lohnt ein Blick auf die traditionellen japanischen Künste.

Zen in der Kunst des Bogenschießens

Einer der ersten, der im Westen ein Interesse an Aufmerksamkeit, Achtsamkeit, einer „rechten Geistesgegenwart" oder allgemein an fernöstlicher Denkweise und den auf dem Zen-Buddhismus basierenden Bewegungskünsten geweckt hat, war Eugen HERRIGEL. Sein 1948 erschienenes Buch „Zen in der Kunst des Bogenschießens" hat bei uns eine Welle der Begeisterung ausgelöst.

HERRIGEL lehrte Philosophie an der Universität in Heidelberg. 1924 erhielt er einen Ruf für Geschichte der Philosophie an die japanische Universität in Sendai. Sein besonderes Interesse galt der Mystik und so machte er sich neben seiner Lehrtätigkeit auf einen fünf Jahre dauernden Schulungsweg, um das Bogenschießen in der Tradition des Zen zu erlernen.

Vordergründig scheint es in den traditionellen japanischen Künsten um das perfekte Erlernen der jeweiligen Technik zu gehen, wenn HERRIGEL den japanischen Unterricht so charakterisiert:
„Einüben, Wiederholen und Wiederholung des Eingeübten sind in fortschreitender Steigerung auf weite Strecken seine Kennzeichen."[1]

Darüberhinaus findet auf dem „Weg der Erfahrung" aber - und das ist wesentlich - eine Auseinandersetzung mit sich selbst statt.

Ob Bogenschießen, Schwertkunst, Tuschmalerei, Blumenstecken oder nur Fegen des Hofes - **was man tut, soll mit voller Aufmerksamkeit getan werden.**

Der Weg der ständigen Wiederholung soll in einem „Überschreiten der Technik" münden. In der Schwertkunst wird das die „meisterliche Schwertführung" genannt.

---

[1] HERRIGEL 2004, S.40

Diese innere Ausbildung zielt auf einen Zustand geistiger Wachheit, auf die sogenannte „**rechte Geistesgegenwart**“:

> „Der Geist, bedeutet dies, ist überall gegenwärtig, weil er nirgendwo, an keiner besonderen Stelle, haftet. Und er kann gegenwärtig bleiben, weil er, auch wenn er sich auf dieses oder jenes bezieht, daran nicht überlegend hängen und dadurch seine ursprüngliche Beweglichkeit einbüßen wird.“[2]

HERRIGEL schildert seine inneren Kämpfe, seine Rückschläge, Zweifel und die oft schwer verständlichen Hinweise des Meisters. Und dann beschreibt er einen Abend, an dem der Meister selbst auf die Scheibe schießt, und der ihm eine Ahnung von dem vermittelt, worum es in den japanischen Traditionen geht.

> Während die Übungshalle erleuchtet ist, liegt der Scheibenstand in völliger Dunkelheit...
> „Es war so dunkel, daß ich nicht einmal dessen Umrisse wahrnehmen konnte, und wenn nicht das winzige Fünklein der Moskitokerze sich verraten hätte, hätte ich die Stelle, an welcher die Scheibe stand, vielleicht geahnt, aber nicht genau auszumachen vermocht. Der Meister >tanzte< die Zeremonie. Sein erster Pfeil schoß aus strahlender Helle in tiefe Nacht. Am Aufschlag erkannte ich, daß er die Scheibe getroffen habe. Auch der zweite Pfeil traf. Als ich am Scheibenstand Licht gemacht hatte, entdeckte ich zu meiner Bestürzung, daß der erste Pfeil mitten im Schwarzen saß, während der zweite die Kerbe des ersten Pfeiles zersplittert und den Schaft ein Stück weit aufgeschlitzt hatte, bevor er sich neben ihm ins Schwarze bohrte.“[3]

---

2 HERRIGEL 2004, S.38

3 HERRIGEL 2004, S.57

Für die japanischen Samurai-Krieger war das **Beherrschen der Aufmerksamkeit** eine Frage von Leben und Tod. In zahlreichen Anekdoten wird berichtet, wie wichtig es für sie war, sich nicht provozieren oder ablenken zu lassen. Ein guter Gegner hätte die kleinste Schwäche erkannt und den Moment zu einem Schlag genutzt.

Über das sogenannte „**Einhalten**" **der Aufmerksamkeit** schreibt der japanische Zen-Meister Takuan Soho:

> „Wenn dein Gegner zum Streich gegen dich ausholt und dein Sinn ganz auf sein Schwert gesammelt ist, so bist du nicht mehr freier Herr deiner eigenen Bewegung, sondern stehst unter seinem Bann. Dies nenne ich „Einhalten", denn du bleibst an einer Stelle eingehalten."
>
> ...
>
> „Wenn deine Aufmerksamkeit auch nur einen Augenblick durch das Schwert in des Feindes Hand gefesselt ist, oder durch dein eigenes Schwert, dass du überlegst, wie du es führen sollst, oder durch Persönlichkeit, Waffe, Ziel oder Bewegung, so gibst du gewiss dem Feind eine Blöße, dich zu treffen."[4]

An anderer Stelle findet er ein weniger martialisches Bild, in dem für mich der Unterschied zwischen **konzentrierter** und **akzentuierter** Aufmerksamkeit deutlich wird:

> „Da steht ein Baum mit so vielen Ästen, Zweigen und Blättern. Wenn dein Sinn bei einem der Blätter einhält, so kannst du alle übrigen nicht mehr sehen."

---

[4] aus Takuans Brief über das unbewegte Begreifen - nach Tiwald 2002, S.227

Von der **rechten Geistesgegenwart** heisst es, sie sei ein Zustand, in dem der Geist (... oder die Aufmerksamkeit) überall gegenwärtig ist, weil er nirgendwo haftet.

Zumindest kurzzeitig haben auch bei uns Menschen diesen Zustand schon erlebt, gerade im Sport. Etwa wenn man sich im Tennis scheinbar aussichtslos auf der Verliererstraße befindet, dann plötzlich „alles Denken loslässt", sich nur noch auf die Situation einlässt, nur noch Punkt für Punkt spielt, und auf einmal alles zu gelingen scheint.

Es ist ein Zustand, in dem man intuitiv agiert, in dem „es wie von allein läuft", den man aber eben nicht wie der japanische Meister **willentlich** herbeiführen kann.

Eine ehemalige Schülerin berichtet über ihr Erlebnis:

> „In der 6. oder 7. Klasse haben wir Schatzwache[5] gespielt und ich war Ballhüter, weil „ein Mädchen geopfert" werden sollte, damit die total starken Jungs die starken Jungs der anderen Mannschaft rauswerfen können.
> Ich habe die nächsten 5 Bälle der besten Werfer aus der anderen Mannschaft gefangen und überhaupt keine Ahnung, wie ich das gemacht habe. In diesem Moment habe ich den Raum aber auch anders wahrgenommen."

---

[5] ein ähnliches Spiel wie Völkerball

Alltagsphänomene

Das Richten der Aufmerksamkeit führt zum **Beachten** von Objekten oder Ereignissen. In diesem Zusammenhang gibt es interessante Aspekte, die man in Alltagssituationen erleben kann, z.B. beim Phänomen der **anfahrenden Bahn**:

Ich sitze im Zug, warte auf die Abfahrt und bemerke durch das Fenster einen Zug auf dem Nachbargleis - und eine Bewegung. Obwohl der Zug auf dem Nebengleis anfährt, kann es mir vorkommen, als bewege sich mein Zug, und zwar in entgegengesetzter Richtung.

Abb. 1

Dieser Effekt ist unter dem Ausdruck „Vektion" bekannt: Man sieht eine bewegte Szenerie und hat den Eindruck, sich selbst zu bewegen. Der Effekt wird öfter beschrieben, bisher aber nicht befriedigend erklärt.

Ein Ansatz bietet sich bei Horst TIWALD[6], der die Ansicht vertrat, dass der Mensch Raum und Zeit **abhängig von der Ausrichtung seiner Aufmerksamkeit** erlebt.

---

[6] Horst TIWALD (1938-2013) war ein österreichischer Philosoph und Sportpsychologe.

Wenn unsere Aufmerksamkeit mit hoher Intensität an einem Ort bleibt und sich dort „verankert", so kann sich das Verhältnis von „in Ruhe" und „bewegt" in unserer Wahrnehmung umkehren.[7]

Welchen Zug wir als ruhend und welchen als bewegt wahrnehmen, hinge folglich davon ab, wo unsere Aufmerksamkeit verankert ist:

- Wenn ich glaube, mein Zug bewege sich, habe ich wahrscheinlich bei meinem Blick aus dem Fenster die Szenerie interessiert betrachtet - oder etwa einen Fahrgast im anderen Zug. Dadurch war meine Aufmerksamkeit mit diesem Ort im Raum verbunden.

Nehme ich in dieser Konstellation eine Bewegung wahr, so muss *ich* mich offenbar bewegen, denn der andere Ort ist ja durch meine intensive Aufmerksamkeit in Ruhe.

- Anders würde der Fall liegen, wenn meine Aufmerksamkeit beim Blick aus dem Fenster in **meinem** Abteil verankert wäre. Etwa, wenn ich nur nach gegenüber „schaue", mit meiner Aufmerksamkeit aber bei einem Gesprächspartner bin oder, wie schon BUYTENDIJK schrieb, wenn ich im eigenen Abteil Karten spiele. Dann wären der „Anker" und damit der Ort „in Ruhe" in meinem Abteil und ich würde den gegenüberliegenden Zug als anfahrend wahrnehmen.[8]

Es gibt ähnliche Beispiele, bei denen man erleben kann, wie die Verankerung der Aufmerksamkeit darüber entscheidet, was als bewegt und was als in Ruhe wahrgenommen wird:

---

[7] ausführlicher erklärt S.48 ff

[8] schon BUYTENDIJK 1967, S.226 erklärte das Phänomen auf diese Weise.

➡ das Betrachten von ziehenden **Wolken** und dem **Mond**:

Wenn ich den Mond fixiere, sehe ich peripher die Wolken ziehen. Sehe ich aber intensiv eine Wolke an, scheint sich der Mond zu bewegen.[9]

➡ Wenn ich von einer Brücke aus fasziniert auf das **fließende Wasser** blicke, so kann das Wasser für mich plötzlich zum subjektiven Zentrum meiner Raumwahrnehmung werden. In meiner Wahrnehmung kommt es für einen Moment zur Ruhe. Dafür scheint sich meine Welt zu bewegen und erzeugt in mir ein Schwindelgefühl.

> „Das Objekt, das durch meine Achtsamkeit für mich zur Ruhe kam, zieht nun mich in seine Ruhe hinein und macht mir dadurch einen neuen, aber fremdbestimmten Raum. Meine mir vertraute und zur Gewohnheit gewordene Grund-Kohärenz mit der Erde, die den dauernden Hintergrund meiner rastlos wandernden Achtsamkeit bildet, geht dadurch verloren bzw. beginnt zu schwanken."[10]

➡ Auch das Zustandekommen mancher **Unfälle** könnte auf diese Weise verständlich werden.

Eine auf mich zukommenden Gefahr kann meine Aufmerksamkeit so fesseln, dass ich mich dann von ihr bewegt und angezogen fühle. Anstatt auszuweichen bin ich versucht, meine scheinbare Bewegung durch isometrisches Verspannen anzuhalten und wirke wie gelähmt. Dieses Muster mit gefühlter Handlungsunfähigkeit habe ich selbst beim Skilaufen erlebt.

---

[9] vgl. BUYTENDIJK 1967, S.226/227

[10] TIWALD 2002, S.238

Man findet diese Beispiele auch im Lehrbuch „Die Sinne des Menschen" von Christoph von CAMPENHAUSEN beschrieben:

> „Beim Blick von einer Brücke in einen Fluß stellt sich leicht die Empfindung ein, daß man sich selbst bewege, insbesondere wenn man eine feste Fixiermarke im Fluß anschaut. Es kann auch passieren, daß man je nach Richtung des Flusses glaubt, nach vorn oder hinten zu kippen und daß man entsprechende Kompensationsbewegungen einleitet. Beim Betrachten des Mondes durch ein schnell wanderndes Wolkenfeld ist es ebenfalls schwierig, das Gleichgewicht zu halten. Die Bewegungstäuschung, die auf Bahnhöfen beim Blick aus dem stehenden auf einen langsam fahrenden Zug zustandekommt, ist allgemein bekannt."[11]

CAMPENHAUSEN sucht eine physiologische Erklärung der Phänomene:

> „Verschiebungen des gesamten Netzhautbildes oder großer Teile davon führen zur Empfindung von Eigenbewegung."[12]

Diese Erklärung beantwortet allerdings nicht die Frage, warum etwa im Beispiel der Bahn oder des Mondes **unter gleichen Bedingungen einmal die eine und einmal die andere Wahrnehmung möglich ist.**

Auch ein Beispiel von BUYTENDIJK wirft diese Frage auf:

> „Während der Nicht-Seemann auf einem schwankenden Schiff die Kajüte als stabil wahrnimmt, und ein kardanisch aufgehängtes Barometer hin und her schwingen sieht, richtet der erfahrene Seemann sein Gleichgewicht nach der Schwerkraft aus. Er sieht das Barometer senkrecht hängen und die Kajüte bewegt."[13]

---

[11] CAMPENHAUSEN 1981, S.172

[12] CAMPENHAUSEN 1981, S.172

[13] BUYTENDIJK 1967, S.217

Gehen wir davon aus, dass die **Verankerung der Aufmerksamkeit** (bei BUYTENDIJK „leibliches Einordnen" genannt) darüber entscheidet, was als bewegt und was als in Ruhe wahrgenommen wird, dann wäre es bei Seekrankheit sinnvoll, seine Aufmerksamkeit nicht innerhalb des bewegten Schiffes zu verankern, sondern an einem Punkt, der mit der Schwerkraft korreliert - so wie das kardanisch aufgehängte Barometer.

Tatsächlich empfehlen Segler aus ihrer Erfahrung, an Deck zu gehen, sich einen Punkt am Ufer zu suchen und diesen intensiv anzusehen.

Manchmal ist das Umschlagen der Wahrnehmung auch gewollt. So kann man sich beispielsweise in der **Meditation** durch achtsames Fixieren eines Pendels über Schwindel in Trance versetzen. Auch in **3D-Simulationen** wird der Effekt genutzt. Durch die Bildschirmgröße und faszinierende Eindrücke wird die Aufmerksamkeit der Akteure in die Szenerie hinein gezogen, sie haben das Gefühl, mittendrin zu sein.

Aufmerksamkeit und Sinne

Bewegt sich ein Objekt durch das menschliche Blickfeld, so wird die Aufmerksamkeit durch die Reizung der Sehzellen auf der Netzhaut „automatisch" zum Objekt hingezogen und unwillkürlich folgt ihr der Blick.

Dem liegt ein biologischer Mechanismus zugrunde, die sogenannte Orientierungsreaktion, die ein frühzeitiges Erkennen von Feinden ermöglicht. Auch Tiere reagieren auf einen optischen Reiz oder ein plötzliches Geräusch, indem sie innehalten und ihre Sinne unmittelbar der Quelle des Reizes zuwenden.

Blick und Aufmerksamkeit *müssen* allerdings nicht zusammen am selben Ort verweilen. Wie jeder weiss, kann man in einem Gespräch mit dem Blick bei seinem Gesprächspartner, mit der Aufmerksamkeit aber gewollt oder ungewollt durchaus woanders sein.

Schon aus der Schule ist das Phänomen der „abschweifenden Aufmerksamkeit" hinlänglich bekannt - und vielen Menschen auch das willentliche Trennen zwischen Blick und Aufmerksamkeit, etwa wenn man als Schüler während einer Klassenarbeit den Blick auf sein Blatt heftete, die Aufmerksamkeit aber ganz dem sich von hinten nähernden Lehrer galt.

Auch in den „**Magischen Bildern**" oder „Stereogrammen" werden Fokus und Aufmerksamkeit absichtlich getrennt. Man blickt auf einen Punkt hinter oder vor dem computergenerierten Bild, behält diese Augenstellung bei und wandert dann mit der Aufmerksamkeit ins Bild.[14]

---

[14] vgl. BACCEI 1994

Auf einmal spannt sich für den Betrachter ein neuer, dreidimensional wirkender Raum mit beeindruckenden Effekten auf.

Ist diese Tiefenwahrnehmung einmal entstanden, kann man seine Augen entspannt in diesem neuen Raum wandern lassen - solange man nicht auf das Bild fokussiert.

Eine einfachere Möglichkeit, das Trennen zwischen Aufmerksamkeit und Fokus zu erleben, ist das „Daumentor".

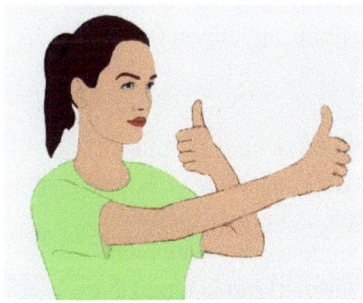

Abb. 2
Man blickt den Daumen seiner rechten Hand bei ausgestrecktem Arm an. Dann hält man den Daumen der linken Hand in die Blicklinie, etwa in halber Distanz. Der vordere Daumen erscheint nun doppelt, wie ein Tor.

Fokussiert man jetzt den vorderen Daumen (der linken Hand), so erscheint der hintere doppelt. Das Lösen der Aufmerksamkeit vom Fokus wird leichter, wenn man den nicht scharf gestellten Daumen bewegt.[15]

In diesem Beispiel hält man mit den Augen einen Ort im Raum fest und „bewegt sich" mit der Aufmerksamkeit an einen anderen (im Bereich des peripheren Sehens).

---

[15] Eine Reihe ähnlicher Selbstversuche findet sich in: PENNINGTON 1986

Unterschiede erleben

Was genau unter Aufmerksamkeit zu verstehen ist, kann hier nicht weiter geklärt werden. Es lohnt sich aber eine Betrachtung der **Wirkungen** ihrer Bewegung oder Nicht-Bewegung.

Welche Unterschiede lassen sich in der Selbstbeobachtung erleben?

➡ Fremdbestimmung
Die Aufmerksamkeit wird von einem Reiz **angezogen**. Das kann ein Geräusch sein, die Bewegung eines Objektes, ein Geruch oder ein Schmerz. Unwillkürlich richten sich die Sinne auf diesen Ort.

➡ Selbstbestimmung
Durch eine „fragende" innere Grundhaltung richten wir unsere Aufmerksamkeit **selber** aus, „scannen" die Umgebung - z.B. wenn wir etwas suchen oder jemanden beobachten. Dabei scheinen sich Aufmerksamkeit und Blick gemeinsam zu bewegen. Auch beim Abschmecken oder Tasten erleben wir Aufmerksamkeit und Sinn gleichzeitig.

➡ fokussierte Aufmerksamkeit
Fremdbestimmt oder selbstbestimmt können wir mit der Aufmerksamkeit einen Ort festhalten, die Aufmerksamkeit fokussieren. Ein Schmerz macht das Verweilen leicht. Ohne einen dauerhaften Reiz müssen wir dazu „Konzentration" aufbringen.

➡ räumliche Aufmerksamkeit
Wir können mit unserer Aufmerksamkeit einen Raum erfassen, ohne ihn „abzuscannen". Beim Sehen wird das als „Schauen" oder manchmal als „weicher Blick" ausgedrückt, beim Hören als „in die Umgebung hinein lauschen". Im Sport kann man „ein Gefühl dafür haben", was hinter einem geschieht.

Es fühlt sich an, als könne die Aufmerksamkeit sich räumlich ausdehnen, ohne Orte zu markieren. TAKUAN beschrieb es beim Ansehen eines Baumes ja so: „Wenn dein Sinn bei einem der Blätter einhält, so kannst du alle übrigen nicht mehr sehen" (vgl. S. 7).

Voraussetzung für eine „räumliche" bzw. frei bewegliche, nicht einhaltende Aufmerksamkeit ist eine „absichtslose Grundhaltung", die an GOETHES Gedicht „Gefunden" erinnert:

> „Ich ging im Walde so für mich hin,
> und nichts zu suchen, das war mein Sinn."[16]

➡ Zentrum und Peripherie

Wie wir z.B. in dem Sehspiel „Daumentor" gesehen haben, lässt sich die Aufmerksamkeit vom Fokus der Augen lösen und auf das periphere Blickfeld lenken. Hier können wir hier wiederum **fragend abtasten** oder **akzentuiert wahrnehmen**. Das ist besonders relevant, wenn es um Geschwindigkeit in der visuellen Wahrnehmung geht (vgl. S.29 ff).

➡ Realität und Vorstellung (Landschaft und Landkarte)

Die Aufmerksamkeit bewusst auf seinen Körper zu richten, ist gar nicht so leicht, denn sie gleitet leicht unbemerkt in die Vorstellung dieses Bereiches ab und wäre damit im Gehirn statt z.B. in den Beinen. So gesehen ist Schmerz eine Hilfe, die Aufmerksamkeit **am Ort** zu halten.

Das erklärt eine Schwierigkeit beim Verändern gewohnter Bewegungsmuster. Beginnt jemand mit „ich weiss, ich sollte...", zeigt das, dass er mit der Aufmerksamkeit in seiner Vorstellung ist und sein tatsächliches Bewegen in dem Moment nicht wahrnimmt.

---

[16] GOETHE in: REINERS 1982, S.108

In manchen Therapie-Formen wird die Aufmerksamkeit gezielt auf bestimmte Körperbereiche gelenkt - sozusagen zur „inneren Mitarbeit". Im Verständnis der chinesischen Medizin können z.B. Kopfschmerzen und Sehschwächen durch Stauungen auf den Meridianen ausgelöst werden. Leichter Druck auf bestimmte Stellen soll die Energie wieder besser fließen lassen. Auch das hilft, die Aufmerksamkeit **am Ort** zu halten.

Bereits in den sechziger Jahren verordnete die chinesische Regierung den Schülerinnen und Schülern der Grund- und Mittelschulen im Rahmen der Gesundheitspflege sogenannte Augenschutz-Übungen.[17]

Abb. 3

Den Unterschied, ob wir uns in der „Landschaft" oder in der „Landkarte" bewegen, können wir auch in anderen Lebensbereichen, z.B. in der Kommunikation erleben und uns bewusst machen. Hören wir jemandem aktiv zu, ist unsere Aufmerksamkeit in der Landschaft. Wenn uns dann ein „ich weiss schon, was jetzt alles kommt", durch den Kopf schiesst, sind wir in unsere „Landkarte" gerutscht.

---

[17] vgl. HÖHNKE / RAMME-WICHMANN 1990, S.46 ff

Wirkungen der Aufmerksamkeit im Sport

Was TAKUAN für den Schwertkampf beschrieben hat, gilt auch für alle Kampfsportarten wie Fechten, Boxen, Ringen usw.: Je leichter meine eigene Aufmerksamkeit durch Ablenkung und Täuschung manipuliert werden kann, desto schlechter für mich.

Wenn mein Gegenspieler im Handball, Fussball oder Tennis es schafft, meine Aufmerksamkeit für einen Moment zu fesseln, hat er in der Situation einen Vorteil.

Exemplarisch betrachten wir das Duell zwischen Torwart und Spieler beim Elfmeter. Anschließend lohnt sich ein Blick auf Störungen und scheinbar leicht verschlagene „Hundertprozentige" im Tennis.

Elfmeterschiessen im Fussball

Dritte Runde im DFB-Pokal 2019: Borussia Dortmund gegen Werder Bremen. Nach Ablauf der regulären Spielzeit hatte es 1:1 gestanden, dann gingen die Hausherren in einer dramatischen Nachspielzeit zweimal in Führung. Zweimal konnten die Bremer ausgleichen.

Das anschließende Elfmeterschießen begann mit zwei Dortmunder Fehlschüssen und zwei Bremer Treffern. Dann behielten alle Schützen die Nerven, so dass Werder die Partie letztlich mit 7:5 gewann.

Beim Elfmeter ist der Schütze durch die Größe des Tores grundsätzlich im Vorteil, was man auch daran sieht, dass die meisten Elfmeter verwandelt werden.

Der Torwart muss spekulieren und hat nichts zu verlieren, während der Spieler zum Erfolg verdammt ist und dadurch unter erheblichem psychischen Druck steht.

Allerdings kann der Torwart auch versuchen, die Wahrnehmung des Schützen zu manipulieren, ihn in seiner Konzentration zu stören, oder genauer: sich selbst für den Schützen „zum Vordergrund" zu machen.

Zur Erklärung: „Jedes Objekt in unserer Umgebung kann entweder als Figur oder als Grund gesehen werden, jedoch zu jeder Zeit nur als eines von beiden."[18]

Abb. 4
Veranschaulichen lässt sich das mit der bekannten Abbildung des „Rubinschen Bechers", zu der sich im „Lexikon der Psychologie" folgende Erläuterung findet:

„Rubinscher Becher, nach dem dänischen Psychologen Edgar John Rubin (1886-1951) benannte schwarz-weiße Kippfigur, die je nach Blick auf das weiße oder das schwarze Feld Unterschiedliches erkennen läßt (Abb.). Beim Blick auf das weiße Feld wird ein Becher in Form eines Pokals wahrgenommen, beim Blick auf die schwarzen Außenfelder gegenüberliegende symmetrische Profile von zwei Gesichtern."[19]

Wie wir im Kapitel über die magischen Bilder gesehen haben, ist aber nicht der Blick für die eine oder die andere Art der Wahrnehmung entscheidend, sondern die Aufmerksamkeit.

---

[18] JULESZ in: RITTER 1986, S.57

[19] https://www.spektrum.de/lexikon/psychologie/rubinscher-becher/13210

Mit etwas Übung kann ich meinen Blick z.B auf das weisse Feld richten und trotzdem entweder den Pokal oder die Gesichter in meiner Wahrnehmung hervortreten lassen - ohne den Blick zu verändern.

Vor diesem Hintergrund lässt sich der Elfmeter als Kampf zwischen Spieler und Torwart um die Aufmerksamkeit des Spielers deuten. Dieser muss seine Aufmerksamkeit auf das Tor lenken, es zum subjektiven Vordergrund machen und die Verbindung (unabhängig von seinem Blick) halten.

Er sucht sich also einen Ort im Tor als Ziel aus, „verankert" dort seine Aufmerksamkeit und konzentriert sich auf den Schuss, ohne diese Verbindung abreissen zu lassen.

Gelingt ihm das, so hat der Torwart gegen einen gut geschossenen Elfmeter nur geringe Chancen, selbst wenn er sich für die richtige Ecke entscheidet.

Das zeigen auch die Aufnahmen der Schüsse von Pizarro und Kruse:

Abb. 5

Abb. 6

Um seine Erfolgsaussichten zu erhöhen, kann der Torwart versuchen, den Schützen abzulenken - dessen Aufmerksamkeit „aus der Verankerung zu lösen".

Dabei können ihm grelle Kleidung oder Handschuhe, vor allem aber Bewegungen helfen. Der Torwart macht sich groß, winkt mit den Armen und versucht, sich in der Wahrnehmung des Schützen selbst zur Figur, zum Vordergrund zu machen.

Abb. 7

Wenn ihm das gelingt, wird das Tor für den Schützen subjektiv kleiner, die freie Fläche scheint zu schrumpfen. Es wird für ihn immer schwieriger, die innere Verbindung zu seinem Zielort zu halten.

Zusätzlich hilft der psychische Druck, der auf dem Spieler liegt, dem Torwart. Denn während dieser nichts zu verlieren hat, muss der Schütze unbedingt treffen, um seine Mannschaft im Spiel zu halten.

Selbst kurze Gedanken oder Bilder, die in ihm auftauchen, können die Kohärenz[20], die durch die Aufmerksamkeit bestehende innere Verbindung, zerreissen lassen und einen Fehlschuss verursachen.

Wenn ein Elfmeterschießen also auch ein **Kampf des Torwartes um die Aufmerksamkeit des Schützen** ist - wie lässt sich die Fähigkeit eines Spielers, Kohärenz auch unter Stress zu halten, gezielt trainieren?

---

[20] Die durch die Aufmerksamkeit bestehende Verbindung mit dem Ort wird auch als „Kohärenz" bezeichnet. (vgl. S.46 f)

Störungen und „leichte Fehler" im Tennis

Im Finale der **Australian-Open 2022** zwischen Rafael Nadal und Daniil Medvedev beschwerte sich Nadal im entscheidenden fünften Satz über den störenden Zwischenruf eines Zuschauers mitten im Ballwechsel.

Abb. 8

Auch Medvedev fühlte sich mehrfach durch Zwischenrufe vor allem zwischen erstem und zweitem Aufschlag massiv in seiner Konzentration gestört.

Er beklagte nicht zu Unrecht eine Parteinahme des Publikums zugunsten von Nadal und musste phasenweise offenbar sehr um seine Konzentration kämpfen. Andererseits hat gerade Medvedev schon oft die Fähigkeit bewiesen, aus solchen Situationen zusätzliche Energie zu schöpfen.

Viel häufiger sind es aber andere, nicht absichtlich den Spielern geltende Ablenkungen, mit denen sie umgehen müssen - wie Zuschauer, die verspätet ihre Plätze aufsuchen und dabei genau durch das Blickfeld der Aufschläger gehen.

Profis meistern solche kleinen Unterbrechungen in der Regel erstaunlich souverän und sind beim nächsten Ballwechsel wieder voll konzentriert. Im Vereinstennis können sie einen Spieler mitunter völlig aus dem Rhythmus bringen. Dass „Tennis im Kopf gespielt wird", zeigt sich in solchen Situationen immer wieder sehr anschaulich.

Übertragen wir das Beispiel von oben auf einen Vereinsspieler: **Der lässt sich beim Aufschlag durch einen Zuschauer ablenken, serviert einen Doppelfehler und kommt danach aus dem Tritt.**

Tatsache ist, dass die Bewegung des Zuschauers die Aufmerksamkeit des Spielers anzieht und er den Zuschauer wahrnimmt. Aber warum geht es dann nicht wieder normal weiter?

Mental stabile Profis können sich nach einer derartigen Ablenkung sofort wieder stark fokussieren. Oder sie können die Ablenkung wie einen Gedanken in der Meditation „kommen und wieder gehen" lassen.

Das scheint im Beispiel unseres Vereinsspielers anders zu sein. Offenbar kann er die Situation nicht „abhaken", so dass ihm im weiteren Spielverlauf immer wieder der vergebene Punkt in den Sinn kommt, verbunden mit Gefühlen des Ärgers über den Zuschauer oder über sich selbst. Wurde seine Aufmerksamkeit also zunächst durch einen äußeren Einfluss angezogen, so wird sie es anschließend immer wieder durch die eigenen Gedanken und Wertungen.

Die Aufmerksamkeit „hängt in diesen Momenten für kurze Zeit fest", was eine „Geistesgegenwart", also die ungestörte Beweglichkeit der Aufmerksamkeit im Spiel verhindert. Schon kurze Momente, in denen sie nicht „situationsgerecht arbeiten" kann, reichen für weitere scheinbar unnötige Fehler. So entsteht ein Teufelskreis, aus dem man nicht mehr selbst herauskommt.

In einer Spielsituation werden also andere Anforderungen an die Aufmerksamkeit gestellt als beim Elfmeter. Ein spezielles Training müsste daher auch einen anderen Schwerpunkt haben: anstelle des Haltens von Kohärenz geht es hier um Loslassen und Beweglichkeit - im Sinne von Erhalten bzw. Wiederherstellen der Geistesgegenwart.

Zurück zu den Australian-Open: Im dritten Satz schlug Rafael Nadal beim Stand von 5:3 einen wichtigen und vermeintlich leichten Überkopfball ins Netz. Die Kommentatoren Boris Becker und Matthias Stach rätselten, ob er sich zu lange Zeit gelassen habe.

Abb. 9

Die meisten Tennisspieler haben ähnliche Situationen schon selber erlebt. Gerade wenn man genügend Zeit hat, sich auf einen „finalen" Schlag vorzubereiten, scheint es völlig unverständlich, wie man den Ball dann verschlagen kann.

Die Wahrscheinlichkeit derartiger „verschenkter Gelegenheiten" ist gerade bei wichtigen Spielständen besonders groß - und sie können spielentscheidend sein. Den Gegner bauen sie auf und man selber muss das Erlebnis abhaken, anstatt dem scheinbar leicht vergebenen Punkt noch nachzutrauern.

Doch was passiert dabei eigentlich?

TIWALD vermutete schon 2002 als Ursache eine „situativ fehlgeleitete Achtsamkeit". Er schrieb:

„Nicht selten kann man im Fernsehen Tennis-Spitzenspieler beobachten, wie sie die einfachsten Bälle verschlagen, obwohl sie viel Zeit zum Handeln haben und sich diese auch nehmen. Aber gerade diese verfügbare Zeit bereitet offensichtlich Probleme und führt leicht dazu, dass man beim bewegten Ball oder am selbst bewegten Schläger „einhält". In beiden Fällen wird für kurze Zeit ein neuer Raum aufgebaut, in welchem die erdverwurzelten Techniken nicht mehr optimal greifen. Dies genügt meist, um Fehler zu machen."[21]

Hinter diesen Gedanken steht sein Konzept der „Relativitätstheorie des Selbstbewegens": Er geht davon aus, dass Raum und Zeit nicht einfach „da" sind, sondern dass der Mensch sie durch seine Tätigkeit erschafft und dass Tätigkeit und Bewegungskoordination auf der Schwerkraft als Konstanter basieren (vgl. S 48 ff).

---

[21] TIWALD 2002, S.237

Durch intensives Hinwenden der Achtsamkeit beispielsweise zum Ball kann die innere „Raumordnung" gestört werden - ähnlich wie man das auf einem Schiff in der schwankenden Kajüte erleben kann (vgl. S.12 und 49).

Was passiert also? Der Ball wird dann zur ruhenden Mitte des subjektiven Raumes. Da die Koordination des Überkopfball-Schlages aber mit der Schwerkraft-Richtung und nicht mit dem Ball als ruhender Mitte erlernt wurde, ist das gesamte System gestört.

Es reicht der Bruchteil einer Sekunde, um die auf der Schwerkraft aufbauende Bewegungskoordination zu unterbrechen und den Fehlschlag zu verursachen.

Mit anderen Worten: **Nicht die lange Zeit ist das Problem, sondern das was in dieser Zeit unbewusst passiert**, nämlich das lange, einseitige, intensive innere Hinwenden auf den Ball.

Ungewohnt viel verfügbare Zeit kann auch in anderer Hinsicht zum Problem werden: Hat man plötzlich Zeit, sich bei einem Schlag für verschiedene Alternativen zu entscheiden, so hat man diese für einen kurzen Moment vor Augen.

Damit ist die Aufmerksamkeit für einen Sekundenbruchteile aus der Realität in die **Vorstellung** abgerutscht[22]. Das kann ausreichen, um kurz zu zögern und den Ball nicht mehr optimal zu treffen.

---

[22] Wo ist die Aufmerksamkeit bei einem Künstler? Hat er eine Vorstellung (eine „Landkarte") im Kopf von dem, was er schaffen will? Ist er mit seiner Aufmerksamkeit in seiner Vorstellung? Oder ist er ganz in der Tätigkeit und „lauscht" achtsam hin, was im Prozess entstehen will?

Blicktraining im Beachvolleyball

Wie im Tennis sind auch im Beachvolleyball die Anforderungen an die visuelle Wahrnehmung besonders hoch.

So muss z.B. ein Angreifer das Verhalten von Block und Abwehrspieler sehen und interpretieren und in kürzester Zeit entscheiden, wie und wohin er den Ball spielt.

In einem Beitrag der Ruhr Universität Bochum „Dynamisches Sehen im Beachvolleyball" aus dem Jahr 2014 werden Szenen aus dem Training von Laura Ludwig und Kira Walkenhorst gezeigt.[23]

Abb. 10

---

[23] Fak. für Sportwiss. Bochum, 22.Mai 2014 - https://vimeo.com/129646201

Der Beitrag zeigt, **welchen Stellenwert die Wahrnehmung** heute hat: Weil das Spiel so schnell geworden ist, sei ein „spezielles Training für das Auge" mittlerweile Teil des täglichen Trainings.

Es geht vor allem um Antizipation. In Situationen unter Zeitdruck reicht es nicht mehr aus, auf eine Aktion zu reagieren, man muss sie möglichst früh vorhersehen.

„Das fängt gar nicht erst beim Ball an, sondern beim Gegenspieler: Wie ist er ausgerichtet, welche Körperspannung hat er, welche Armbewegung macht er ..." sagt Kira WALKENHORST.

Dazu werden Beobachtungspunkte festgelegt, um schon vor der eigentlichen Aktion Wahrscheinlichkeiten abzubilden. Für Laura LUDWIG bedeutet das,

„...dass ich in der Abwehr so viele Punkte fixieren muss, die ich vorher gar nicht beachtet habe..."

Eine Möglichkeit ist es, die relevanten Punkte in Blick-Sprüngen zu erfassen. Dazu werden dann **„Blickstrategien"** erarbeitet, also vorher festgelegte Muster, die visuell „abgetastet" werden.

Eine zweite Möglichkeit, diese Check-Punkte zu erfassen, ist das **„unscharf sehen"**, sagt Trainer Hans VOIGT in dem Beitrag:

„Diese Zeit des Umschaltens von Fokussieren 1 auf Fokussieren 2, die so zwischen 600 und 800 Millisekunden beim Menschen etwa liegt, kann ich dadurch eben verkürzen, wenn das Objekt unscharf gesehen wird oder groß ist."

Die Strategie des „Unscharf-Sehens" funktioniert ähnlich wie das Betrachten der Magischen Bilder. Die Checkpunkte werden nicht direkt angeblickt und scharf gestellt, sondern mit der Aufmerksamkeit im peripheren Sehfeld erfasst und bewusst wahrgenommen.

Das Trennen von Fokus und Aufmerksamkeit habe ich selber im Tennis als erfolgreich erlebt: Die Bewegungen eines starken Aufschlägers beobachte ich in der Vorbereitungsphase zum Return ganz normal (Körperspannung, Schulterachse, Auftaktbewegung).

Dann bleibt mein **Blick** beim Aufschläger und nimmt seine Schlagbewegung wahr, meine **Aufmerksamkeit** ist aber bereits in einem Raum vor mir, etwa dort, wo ich den Ball wahrscheinlich treffen werde. Meine These: Indem ich mit der Aufmerksamkeit schon in dem antizipierten Zielbereich bin, gewinne ich den Bruchteil einer Sekunde, um einen schnellen Aufschlag besser zu retournieren.

Aufmerksamkeit als Werkzeug im Sportunterricht

➡️ Inneres Sprechen

Thema: Volleyball - oberes Zuspiels zu zweit. Die Schülerinnen und Schüler sind überwiegend gehobene Anfänger. Einige haben Mühe, den Ball kontrolliert zu spielen. Ihre Zuspiele sind zu niedrig und die Partner haben dadurch wenig Reaktions- bzw. Vorbereitungszeit.

 Abb. 11

Die Anregung, die Bälle höher zu spielen, bewirkt keine ausreichende Veränderung. Warum nicht?

Meine Vermutung: Im „inneren Sprechen" wollen sie „zum Partner" spielen - und auf diesen Raumort sind ihre Bewegungen ausgerichtet.

In der Aufgabenstellung muss also ein anderer Ort im Raum als Ziel definiert werden, etwa:
Sucht einen Punkt in halber Entfernung zwischen euch - und weit oben. Versucht, diesen Punkt immer mit euren Zuspielen zu treffen.

Wenn man sich auf die neue Aufgabenstellung einlässt, richtet man seine Aufmerksamkeit auf den gewählten Punkt und nicht auf den Partner, bildet damit eine ganz andere Kohärenz. Die Formulierung kann bildlicher sein. Wichtig ist die Markierung eines Raumortes.

➡️ Berührung und Kontakt

Zwei Schülerinnen stehen sich mit geschlossenen Augen gegenüber und legen ihre Handflächen so gegeneinander, dass diese sich nur leicht **berühren**.

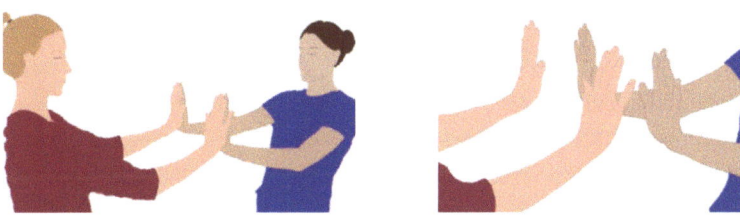

Abb. 12 und 13

Sie ziehen ihre Hände langsam zurück, versuchen aber mit dem Ort, an dem sich die Hände berührt haben, **in Kontakt zu bleiben**, ihn sich innerlich „zu merken".

Dann nähern sie sich wieder an. Finden beide den Ort wieder? Wie weit, wie lange können sie sich entfernen und den Kontakt dennoch halten?

In der Selbstbeobachtung erlebt man zwangsläufig den Moment, an dem man den Kontakt verloren hat und versucht, den Berührungs-Ort wiederzufinden. Das ist der Moment, in dem die Aufmerksamkeit aus dem Raum in die **Vorstellung** des Raumes gerutscht ist.

Schwerpunkte eines Aufmerksamkeits-Trainings

Im Sport kann eine Ergänzung des Trainings um den Blickwinkel der Aufmerksamkeit verschiedene Schwerpunkte haben:

➡️ Der Schwerpunkt **Bewegungsbewusstheit** bietet sich vor allem für das Techniktraining an. Mit Bewusstheit ist gemeint, dass man in sein Bewegen eingreifen kann - seinen Gewohnheiten nicht ausgeliefert ist.

Übungen mit gezielter Aufgabenstellung für die Aufmerksamkeit wie Bewegungs- und Kontrastaufgaben sind geeignete Mittel, um sich Bewegungsabläufe bewusst zu machen.

➡️ Im **Konzentrationstraining** geht es darum, sich im Training auf Situationen vorzubereiten, in denen die Aufmerksamkeit von aussen angezogen wird. Trainiert wird, alles Störende auszublenden, sich zu fokussieren, sich nicht manipulieren zu lassen (Beispiel Elfmeter).

➡️ Ein Training der **Geistesgegenwart** kann man mit den Worten *bemerken, zulassen, loslassen* beschreiben. Ziel ist es hier nicht, Störendes auszublenden, sondern es zuzulassen und dann nicht weiter zu beachten. Im Unterschied zum Konzentrationstraining könnte man von einem *Training der Gelassenheit* sprechen.

Im Training lernt man, die Bewegungen der eigenen Aufmerksamkeit zu bemerken und zu verstehen - und die Aufmerksamkeit dadurch weniger anfällig für Fremdbestimmung und Fixierung (auch durch eigene Emotionen) zu machen.

Um seine Aufmerksamkeit zu beobachten, muss man nicht meditieren. Der sportliche Wettkampf bietet dafür hervorragende Gelegenheiten.

Zunächst rückblickend und mit Anleitung kann man Spielsituationen durchgehen und das innere Erleben rekapitulieren ohne zu werten.

➡️ Das Beispiel des Sehtrainings im Beachvolleyball markiert einen weiteren möglichen Schwerpunkt - ein **Training der akzentuierten Aufmerksamkeit.**

Aus dem Beitrag der Ruhr Universität Bochum wurde deutlich, dass die Anforderungen an die visuelle Wahrnehmung einer Angreiferin mittlerweile so hoch sind, dass alternative Sehstrategien gesucht werden. Mittels akzentuierter Aufmerksamkeit, unscharf sehen oder weichem Blick kann es gelingen, *die wesentlichen Informationen in kürzerer Zeit aufzunehmen.*

Dieser Schwerpunkt einer akzentuierten Aufmerksamkeit scheint unserem traditionellen Verständnis von Bewegung und Training besonders fremd.

Andererseits lassen sich z.B. viele Computerspiele mit Blicksprüngen gar nicht erfolgreich spielen. Vermutlich ist Sehen (und auch Hören) mit „akzentuierter Aufmerksamkeit" für die heutige Generation also gar nicht so fremd.

Beispiele im Tennis

Gerade im Tennistraining mit Kindern sind Bewegungsaufgaben ein gutes Mittel, um das Training spielerisch zu gestalten und zugleich mit ihrer Aufmerksamkeit zu arbeiten.

Unzählige Aufgabenstellungen gibt es zum Schwerpunkt Zielen und Treffen. Hütchen, Reifen oder andere Markierungen machen die Raumorte anschaulich und helfen, die Aufmerksamkeit zu lenken.[24]

Eine Variante sind Übungen mit verhängtem Netz - z.B. zur Arbeit an der Länge der Grundschläge.

Abb. 14

Zwei Fortgeschrittene spielen ruhige Ballwechsel. Spieler A versucht, in eine markierte, etwa einen Meter breite Zone vor der Grundlinie von B zu spielen, die er allerdings nicht sehen kann.

Jeden Schlag schätzt er selbst durch Rufen (kurz, drin oder lang) ein. B korrigiert falsche Einschätzungen.

---

[24] In einem anspruchsvolleren Schritt wäre die Aufgabe, auf eine Bewegung des Partners oder Trainers zu reagieren und dann schnell die Verbindung zu einem Ziel aufzubauen und es zu treffen.

Abb. 15   Aufschlagtraining mittels Folge-Zielung.[25]

Bei verhängtem Netz wird der erste Aufschlag an eine selbstgewählte
Stelle im Feld gespielt, die man allerdings nicht sehen kann. Jetzt
kommt es darauf an, sich den „Auftreffpunkt" des ersten Aufschlags
sozusagen innerlich zu merken und ihn mit dem zweiten Aufschlag
erneut zu treffen. Der Partner gibt Rückmeldung.

Die Übung erinnert an HERRIGELS Geschichte vom Bogenschiessen, in
der der Meister im Dunkeln mit seinem zweiten Pfeil den ersten
spaltet.

Im Techniktraining kann man durch spezielle Aufgabenstellung z.B. an
seinem eigenen Treffpunkt arbeiten. Kontrastaufgaben eignen sich
dafür besonders und werden von Kindern gut angenommen.

---

[25] vgl. HÖHNKE 1997

Bewusstes Bewegen in Projekten
zur betrieblichen Gesundheitsvorsorge

Rückenbeschwerden sind in vielen gewerblichen Berufen ein Problem. In Zusammenarbeit mit der Hamburger Forstbehörde begann 1993 ein Coaching-Projekt mit dem Ziel, diese Beschwerden durch bewussteres Bewegen zu verringern.

Wichtiger Grundgedanke: Treten im Zusammenhang mit Haltung und Bewegung Rückenbeschwerden auf, nützt es wenig *zu wissen, wie man sich bewegen sollte,* **wenn man nicht spüren kann, wie man sich tatsächlich bewegt.**

Das alltägliche Bewegen zu beachten und Unterschiede zu spüren war also das erste Ziel der gemeinsamen Arbeit. Typische Situationen wurden mit Hilfe von Videoaufnahmen festgehalten und anhand von Kriterien gemeinsam analysiert.

Abb. 16

zeigt eine typische Arbeit der Waldarbeiter:

Der gefällte Baum liegt am Boden und wird mit der Motorsäge von seinen Ästen befreit. Oft ist den Mitarbeitern gar nicht bewusst, wie stark gebückt sie arbeiten und wie lang diese Phasen sind.

Der Ansatz des **Hamburger Forstprojekts** stiess auf positive Resonanz. So entstanden ähnliche Maßnahmen mit dem **Krankenhaus Altona** und der Gepäckabfertigung des **Hamburger Flughafens**.

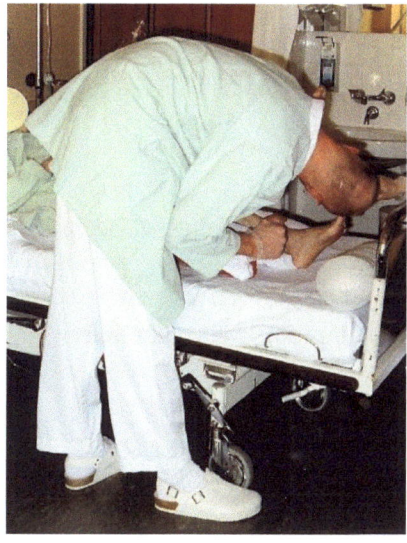

Abb. 17

Der Pfleger konzentriert sich so auf die Versorgung seiner Patientin, dass er seine eigene völlig verdrehte Körperhaltung gar nicht bemerkt.

Die Körpersignale aus seinem Rücken, die noch unterhalb der Schmerzschwelle liegen, finden keine Beachtung.

Das Be- und Entladen der Flugzeuge am **Hamburger Flughafen** erfolgt unter Zeitdruck. Die teilweise sehr schweren Gepäckstücke werden mehrfach manuell bewegt und dann entweder per Hand in Container geladen oder direkt im Laderaum der Flieger eng gepackt.

Im niedrigen Laderaum der Flugzeuge ist körpergerechtes Arbeiten kaum noch möglich.[26]

---

[26] vgl. HÖHNKE 2002

Abb. 18

Beladen eines kleinen Fliegers.

Trotz ihrer hohen körperlichen Belastung musste ich mir die Bereitschaft der Beschäftigten, sich auf das Projekt einzulassen, erst durch eigene Mitarbeit verdienen.

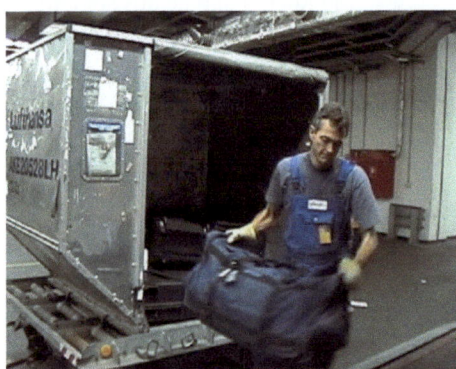

Abb. 19

Originalton eines Kollegen: Wir achten nicht darauf, *wie* jemand arbeitet, nur *ob* er arbeitet.

Ein weiteres Projekt entstand an den **Hamburger Sonderschulen**. Hier hat die Rückenbelastung der Mitarbeiterinnen und Mitarbeiter viel mit dem Heben und Tragen körperbehinderter Schülerinnen und Schüler zu tun. Das betrifft die täglichen Pflegesituationen oder einfach das Umsetzen aus einem Sitzsack in den Rollstuhl.

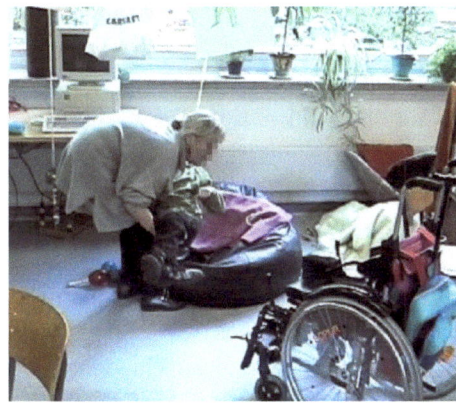

Abb. 20

Bei diesem Transfer hat die Mitarbeiterin ihre Aufmerksamkeit voll auf den Schüler konzentriert.

Ihr eigenes Bewegen findet keine Beachtung und sie bemerkt gar nicht, wie ungünstig sie sich bewegt - die Rückenschmerzen allerdings schon.

Natürlich ist es erforderlich, mit der Aufmerksamkeit voll beim Schüler, beim Patienten oder bei der Arbeit zu sein. Gleichzeitig ist es möglich, sich dabei im Bewegen wahrzunehmen - wenn grundlegende Kriterien dazu angelegt sind.

Und es bedarf etwas Übung und Geduld, denn Gewohnheiten wirken auch auf unser Bewegungsverhalten und setzen sich immer wieder durch.

Im Laufe der Jahre entstanden Projekte mit ähnlicher Zielsetzung, u.a. mit den Hamburger Gaswerken, der Stadtreinigung, dem Botanischen Garten, der Hafenbehörde, dem Schauspielhaus Bochum und dem Veranstaltungsunternehmen Neumann&Müller.[27]

---

[27] vgl. HÖHNKE 2003

Aufmerksamkeit und Forschung

In der Sportwissenschaft ist die Aufmerksamkeit kein großes Thema. Verständlicherweise werden vor allem Aspekte untersucht, die sich messen und quantifizieren lassen.

Beim Verstehen der visuellen Wahrnehmung geht es vorwiegend um gereizte Rezeptoren und Verrechnungsvorgänge im Gehirn. Einen Ball, der sich durch mein Blickfeld bewegt, nehme ich als bewegt wahr, weil sich sein Abbild auf meiner Netzhaut verschiebt und verschiedene Rezeptoren nacheinander stimuliert.

Verfolge ich ihn mit meinem Blick, bleibt sein Bild an derselben Stelle meiner Netzhaut. Dennoch nehme ich ihn weiterhin als in Bewegung wahr, weil das Gehirn meine Augen- und Kopfbewegungen verrechnet. Auch wenn ich dabei laufe, werden die verschiedenen Eindrücke so verrechnet, dass ich bewegte Objekte wie Ball und Spieler als bewegt und stationäre wie das Tor als unbewegt wahrnehme.

Die Verrechnungsvorgänge basieren auf meinen Erfahrungen. Ich habe erlebt, welche Objekte sich bewegen können - wie Bälle und Menschen - und welche dies normalerweise nicht tun - wie Tore.[28]

Netzhaut-Rezeptoren und Rechenvorgänge im Gehirn können aber nicht die **Qualität Bewegung** erfassen. Was Bewegung ist, kann ich nur wissen, wenn ich mich selbst bewegt und Bewegung erlebt habe.

Zu betrachten wäre daher zunächst, welche Rolle unsere **Muskulatur** mit ihrer motorischen und sensorischen Funktion für das Sehen und speziell für das Wahrnehmen von Bewegung spielt.

---

[28] Zu „wahrgenommener Stabilität der Umgebung und Eigenbewegung" hat z.B. Hans WALLACH geforscht. Vgl. WALLACH in: RITTER 1986 S.114-121

Bewegungswahrnehmung basiert auf muskulärem Erleben

Bereits in den 1880er Jahren forschte **Salomon Stricker**, Professor für Pathologie an der Universität Wien, zu Bewegungswahrnehmungen und Bewegungsvorstellungen.

Beobachtungen an sich selbst führten ihn zu folgender Erkenntnis: **Bewegung ist die Grundlage für das Bewusstsein, die Sprache und die Bewegungsvorstellungen.**

Als experimenteller Pathologe ging er an die Innenwelt des Menschen mit streng naturwissenschaftlichen Methoden heran. Er machte systematische Selbstbeobachtungen im Sinne einer inneren Empirie.

In seinen Studien fand er heraus: Bewegungsvorstellungen beziehen sich immer auf das zugehörige muskulär erlebte Ereignis. Wolle man sich eine früher erlebte Bewegung vorstellen, *so aktualisiere sich die Verbindung zur Motorik.*

> „Wenn ich mir eine Bewegung vorstelle, so merke ich, dass gleichzeitig auch ein Muskel erregt wird. Der Muskel muss sich nicht nothwendig bewegen, d.h. die Erregung braucht nicht so intensiv zu sein, um den Muskel thatsächlich in Zuckung zu versetzen. Es genügt, den Muskel nur eben so weit zu erregen, um jenes Gefühl zu wecken, welches dem Beginne jeder Bewegung dieses Muskels unmittelbar vorangeht. Ich habe dieses Gefühl in Bezug auf die Sprachbewegung als >Initialgefühl< bezeichnet."[29]

---

[29] Stricker 1887, S.27/28

Mit dieser Erkenntnis, die heute für das mentale Training von so grundlegender Bedeutung ist, war STRICKER der herrschenden Lehre seiner Zeit weit voraus.[30]

Entscheidend für Wahrnehmung und Koordination ist die Selbstbewegung

Der am M.I.T lehrende **Richard** HELD untersuchte den Einfluss von **Bewegung** auf die „Plastizität sensorisch-motorischer Systeme".

Das ist die Art von Anpassungsfähigkeit, die Menschen erleben, wenn sie beginnen, eine Brille zu tragen. Anfangs auftretende Verzerrungen und Koordinationsschwierigkeiten verschwinden meist innerhalb weniger Tage und man kann wieder zuverlässig greifen und gehen.

Mittels experimenteller Verzerrung der visuellen und auditiven Signale wurde die Bedeutung aktiver und passiver Bewegung auf das Hören und Sehen der Probanden erforscht.

In einer Versuchsreihe sollten die Probanden auf das in einem Spiegel reflektierte Bild einer quadratischen Figur blicken und auf einem Blatt Papier unter dem Spiegel die Eckpunkte mehrfach markieren. Dabei konnten sie weder die Markierungen noch die eigene Hand sehen.

---

[30] „Die Lehre von den Bewegungsvorstellungen, welche ich im Jahre 1882 bekannt gemacht habe, war durchaus neu, und ich gehe kaum fehl in der Annahme, dass ich bis zum heutigen Tage der einzige literarische Vertreter derselben bin." STRICKER 1887, S.16

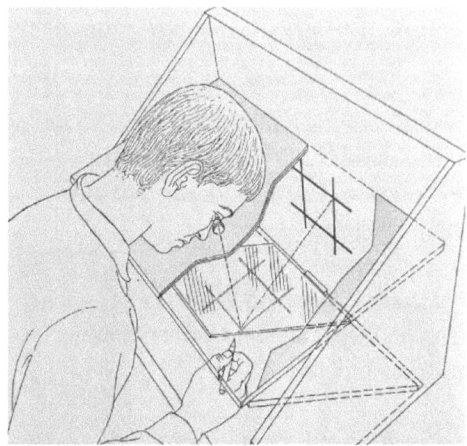

Abb. 21

Anschließend blickten sie durch ein Prisma auf ihre Hand und ohne eine Zielaufgabe bewegten sie diese über mehrere Minuten. Dann wurde der erste Versuch wiederholt.

Es zeigte sich, dass die Probanden die Verlagerung des Bildes durch das Prisma bereits leicht korrigiert hatten.

HELD stellte fest,
„... daß sich der Beobachter oder Hörer ziemlich bald an solche Verzerrungen anpaßt, vorausgesetzt er kann während des Versuchs seine willkürlich gesteuerten Muskeln mehr oder weniger wie gewohnt einsetzen."[31]

---

[31] HELD in: RITTER 1987, S.200

Bewegen und Wahrnehmen sind eine Einheit

Zum Verstehen der visuellen Wahrnehmung haben wir verschiedene Aspekte aufgeführt: Die **Netzhaut-Sensorik**, die **Verarbeitung im Gehirn**, die **senso-motorische Funktion der Muskulatur** und hier besonders den Aspekt der **Selbstbewegung**.

Einen weiteren Schritt können wir mit **Viktor von WEIZSÄCKER** gehen, der seine Auffassung der Einheit von Bewegung und Wahrnehmung im Bild des Gestaltkreises zum Ausdruck brachte.[32]

> „Wir können nichts tun, ohne auch irgend etwas zu empfinden, und wir können nichts empfinden, ohne uns auch irgendwie motorisch zu verhalten...“[33]

Ausgehend von einem persönlichen Erlebnis war VON WEIZSÄCKER der Ansicht, der Mensch stehe seiner Umwelt einerseits gegenüber, sei ihr aber andererseits in ganz bestimmten Beziehungen verbunden, gleichsam verklebt. Diese Verbundenheit nannte er „**Kohärenz**“. Sie könne vom Subjekt „geopfert“ oder fremdbestimmt zerrissen werden.

Womit man in Kohärenz verbunden sei, habe nicht nur Bedeutung für die Auswahl im Wahrnehmen, sondern auch **für die eigene Einordnung im Raum**.[34]

---

[32] Der Neurologe und Internist VIKTOR VON WEIZSÄCKER (1886-1957) gilt als ein Begründer der psychosomatischen Medizin und der modernen medizinischen Anthropologie.

[33] WEIZSÄCKER 1933, S.631 - beispielhaft wird das Betasten eines Gegenstandes angeführt.

[34] vgl. WEIZSÄCKER 1950, S.10

Die Theorie des Gestaltkreises wird laut ENNENBACH in der wissenschaftlichen Diskussion häufig als untauglich, da spekulativ und empirisch nicht gesichert abqualifiziert - seiner Ansicht nach zu Unrecht:

"Geht man den Quellen nach, mit denen diese Ablehnung begründet wird, so zeigt sich nahezu durchgehend, daß man sich nicht gründlich oder nur selektiv mit den Aussagen der Gestaltkreisschule befaßt hat; einerseits wohl, da sie mühsamer zu verstehen sind, als die >reiner Lehren<, andererseits, weil man hier ganz offensichtlich Sachverhalte hinreichend angemessen berücksichtigt fand, die man selber gern als Originalbeitrag >verkaufen< wollte".[35]

Meiner Ansicht nach beschreibt VON WEIZSÄCKER mit der Kohärenz den Aspekt der Aufmerksamkeit bzw. Achtsamkeit. Ein Unterschied: in seinem Verständnis ist eine grundlegende Verbindung, die **Kohärenz**, zwischen Subjekt und Umwelt immer gegeben. Sie kann fremdbestimmt zerrissen oder selbstbestimmt geopfert werden. **Aufmerksamkeit** ist hingegen grundsätzlich frei beweglich. Sie kann fremdbestimmt angezogen oder selbstbestimmt gerichtet werden.

---

[35] ENNENBACH 1991, S.38

TIWALDs Relativitätstheorie des Selbstbewegens

Eine umfassende Theorie zum Zusammenhang von Aufmerksamkeit/ Achtsamkeit, Raumwahrnehmung und Bewegungskoordination hat erst **Horst TIWALD** aufgestellt.

In einer „Relativitätstheorie des Selbstbewegens" ging er davon aus, dass Raum und Zeit nicht einfach „da" sind, sondern dass der Mensch sie durch seine Tätigkeit erschafft. Den für die Bewegungskoordination relevanten Raum „spannt" er im Selbstbewegen durch die Bewegung der Achtsamkeit[36] erst „auf".

Durch die „variable existenzielle Verankerung" (vgl. WEIZSÄCKER und BUYTENDIJK) könne er sein Zentrum, seine „ruhende Mitte" verändern, **zu der dann jede Bewegung relativ erscheine.**[37]

TIWALD erklärte das so: Die Basis für unsere Bewegungskoordination ist der Gleichgewichtssinn.

> „Er verschafft uns die genaue Kenntnis einer Erdraumkonstanten: der Schwerkraft-Richtung. Auf diese hin sind daher normalerweise alle unsere Bewegungen geeicht. ... Die Schwerkraft-Richtung ist auf diese Weise für uns die ruhende >Mitte<."[38]

Für eine präzise Bewegungsleistung ist die „Erdverwurzelung", dieses „mit der Welt eins sein" grundlegend.[39]

---

[36] TIWALD unterscheidet zwischen frei beweglicher Achtsamkeit und gerichteter, konzentrierter oder anhaftender Aufmerksamkeit.

[37] vgl. TIWALD 2002, S.225

[38] TIWALD 2002, S.233

[39] In den Texten über die fernöstlichen Kampfkünste wird diese Verankerung als „Erdverwurzelung" bezeichnet. Es finden sich Ratschläge, einen „erdverwurzelten Stand" einzunehmen und „die Mitte" nicht zu verlieren.

Weil die Erdverwurzelung aber an der Bewegung der Achtsamkeit hängt, kann sie zerreissen. Das heisst, mein Raum kann sein Zentrum verändern. Durch intensives Hinwenden meiner Achtsamkeit zu einem Ort oder Objekt kann dieses für mich zur ruhenden Mitte werden.

> „Im Wahrnehmen kann etwas im Erden-Raum objektiv Bewegtes zum ruhenden Zentrum meines eigenen Wahrnehmens werden, wodurch sich dann für mich der Erden-Raum, in dem ich normaler Weise existenziell verankert bin, zu drehen bzw. zu bewegen beginnt."[40]

So erklärt sich für ihn das von BUYTENDIJK beschriebene Beispiel, in dem der Nicht-Seemann die Kajüte als stabil wahrnimmt und das Barometer als schwingend:

Wenn wir in einer Kajüte auf einem schwankenden Schiff mit unserer Aufmerksamkeit an der Kajütenwand „einhalten", dann kann diese Wand uns nicht mehr bewegt erscheinen.
„Dies führt dazu, dass sich die bisher unbewegte Schwerkraft-Richtung für uns zu bewegen beginnt. Unsere Erd-Verwurzelung geht verloren und wir werden schiffverwurzelt."[41]

Auch im Sport ist das „Einhalten" der Aufmerksamkeit von Bedeutung, nicht nur in der direkten Auseinandersetzung mit einem Gegner, sondern auch in Bezug auf die eigene Bewegungskoordination. Es erklärt das Versagen von Tennisspielern, die einen vermeintlich leichten Überkopfball verschlagen.

Durch das intensive Hinwenden der Achtsamkeit auf ein bewegtes Objekt kann dieses für mich zum Zentrum meines subjektiven Raumes werden.

---

[40] TIWALD 2002, S.225

[41] vgl. TIWALD 2002, S.236

Seine Bewegung wird dann für mich durch das „Einhalten" meiner Achtsamkeit für einen Moment angehalten. Dagegen bewegen sich die nicht direkt angepeilten Objekte nun relativ zu der neuen „ruhenden Mitte".

So ein Verlieren der Erdverwurzelung kann
„... ganz plötzlich geschehen und braucht nur einen ganz kurzen Augenblick anzuhalten, um einen sportlichen Misserfolg herbeizuführen: in einem sogenannten Augenblick der Unachtsamkeit."[42]

---

[42] TIWALD 2002, S.232

Literatur

Baccei, Tom (N.E.Thing Enterprises): Das magische Auge - Dreidimensionale Illusionsbilder. München 1994

Buytendijk, Frederik: Die Anmut. In: Über die menschliche Bewegung als Einheit von Natur und Geist. Schorndorf 1963, 7-18

Buytendijk, Frederik J.J: Prolegomena einer anthropologischen Physiologie. Salzburg 1967

Campenhausen, Christoph von: Die Sinne des Menschen. Band 1: Einführung in die Psychophysik der Wahrnehmung. Stuttgart / New York 1981

Ennenbach, Wilfried: Bild und Mitbewegung. Köln 1991 (2.A.)

Goethe, Johann Wolfgang: Gefunden. in Reiners, Ludwig (Hrsg): Der ewige Brunnen. München 1982, 108

Held, Richard: Plastizität sensorisch-motorischer Systeme. In: Ritter, Manfred (Einf.): Wahrnehmung und visuelles System. Heidelberg 1986 (2.A.), 200-208

Herrigel, Eugen: Zen in der Kunst des Bogenschießens. Frankfurt 2004

Höhnke, Olaf / Ramme-Wichmann, Astrid: Bewegung und Entspannung am Arbeitsplatz. Stuttgart 1990

Höhnke, Olaf: Sehtraining und ganzheitlicher Anspruch. Hamburg 1994

Höhnke, Olaf / Prüfer, Oliver: Wahrnehmungstraining im Tennis. In: Tennis live. (Offizielle Verbandszeitung des TVSH und TVMV). Nr. 28/97, 11-12

Höhnke, Olaf: Coaching des Ladepersonals Groundstars & Hamburg Airport. Hamburg 2002
https://www.uk-nord.de/fileadmin/user_upload/pdf/publikationen/coaching_des_ladepersonals_groundstars.pdf

Höhnke, Olaf / Stratmann, Annette: Coaching zum selbstbewussten Bewegen. Gesundheitsförderung durch Arbeitsbegleitung. Hamburg 2003

Julesz, Bela: Texturwahrnehmung. In: Ritter, Manfred: Wahrnehmung und visuelles System. Heidelberg 1986 (2.A.), 48-57

Pennington, George: Handbuch für Glasperlenspieler. München 1986 (2.A.)

Ritter, Manfred (Hrsg.): Wahrnehmung und visuelles System. Heidelberg 1986 (2.A.)

Rubinstein, Sergej L.: Sein und Bewußtsein. s'Gravenhage 1974 (2.A.)

Ruhr Universität Bochum: Dynamisches Sehen im Beachvolleyball. Fak. für Sportwiss. Bochum, 22.Mai 2014 - https://vimeo.com/129646201

Stricker, Salomon: Studien über das Bewusstsein. Wien 1879

Tiwald, Horst: Im Sport zur kreativen Lebendigkeit. (überarbeitet und erweitert) Hamburg 2002

Tiwald, Horst: Psycho-Training im WingTsun, Taiji und Budo-Sport. Hamburg 2012

Weizsäcker, Viktor von: Der Gestaltkreis, dargestellt als psychophysiologische Analyse des optischen Drehversuchs. In: Pflügers Arch. 231 (1933), 630-661

Weizsäcker, Viktor von: Natur und Geist. München 1977 (3.A.)

Weizsäcker, Viktor von: Der Gestaltkreis. Theorie der Einheit von Wahrnehmen und Bewegen. Stuttgart 1950 (4.A.)

Bildnachweis

Titelbild:	C. Höhnke
Abb. 1, 3, 13-19:	O. Höhnke
Abb. 2, 11, 12:	C. Höhnke
Abb. 4:	https://www.spektrum.de/lexikon/psychologie/rubinscher-becher/13210
Abb. 5 - 7:	werder.tv
Abb. 8, 9:	eurosport
Abb. 10:	Ruhr Universität Bochum https://vimeo.com/129646201
Abb. 21, 22:	Held, Richard In: Ritter 1987

© 2022 Olaf Höhnke
Herstellung und Verlag: BoD – Books on Demand,
Norderstedt
ISBN: 9783756212705